INDIEN

Color Collection Länder

COLOR COLLECTION GMBH INTERNATIONAL, D-8036 HERRSCHING/AMMERSEE

Land der Gegensätze

Swagatan – Willkommen in Indien, einem Land, dessen gegensatzreiche Vielfalt bisher noch jeden Erstbesucher in Erstaunen versetzt hat. Schneebedeckt im Norden, an den kalten Himalayagrenzen zu Nepal, Tibet und China, wird dieser Subkontinent an seinen beiden Längsseiten von den warmen Gewässern des Arabischen Meers bzw. des Golfs von Bengalen umspült und im Süden vom Indischen Ozean begrenzt. Etwa ein Drittel der Fläche Europas bedeckend, reicht Indien mit seinen Nordgrenzen an den Breitengrad Siziliens heran, während seine Südspitze mit Äquatorial-Guinea gleichauf liegt.

So ziemlich alles, was den Reisenden interessiert und erfreut, ist auf dieser riesigen Landmasse vereinigt: Tempel, Baudenkmäler und Skulpturen, als Erbe einer der ältesten Kulturen der Welt, Musikfestspiele, religiöse Bräuche und Feste, der Karneval in Goa, die Lamatänze von Ladakh, Straßenmärkte, schwimmende Obstläden auf dem Dal- und dem Naginsee, Feuerschlucker, Schlangenbeschwörer, die geschäftige Menschenmenge Delhis und Kalkuttas. Dazu, als Vermächtnisse des britischen Vizekönigs, viktorianische Hausboote auf den Seen Kaschmirs und die bereits legendenumwobenen HILL STATIONS, hochgelegene Erholungsorte, wo damals britische Offiziere ihre Frauen unterbrachten, um ihnen die Hitze und den Lärm der Delhi-Ebene zu ersparen: all dies und noch viel mehr erwartet Sie in Indien.

Zweifellos, den Sinnen des Besuchers schmeichelt dieses Land – durch blendende Farben wie die tausend flackernden Lichter des Diwali-Festes, die allgegenwärtigen Düfte von Sandelholz, Mangos und Jasmin, den magischen Ton der Hirtenflöten beim dämmrig-staubigen Aus- oder Eintreiben der Kühe, oder das Silbergeklingel der Fußgelenkringe der Damen. Andererseits aber ist auch die Auswahl der möglichen Freizeitbeschäftigungen groß: Man kann ein „trecking" unternehmen, d. h. eine Bergwanderung durch die urwüchsigen Hochländer, oder an ruhigen Seen oder welligen Hügeln Vögel beobachten, Tiger in den Naturparks aufspüren oder sich auch nur ruhig ausstrecken unter den Palmen und Kasuarinabäumen eines jener langgezogensten und menschenleersten Strände der Welt. Übernachtungsmöglichkeiten bieten frühere Maharadschapaläste oder auch ein Hausboot, ein altes königliches Jagdhaus, ein Küstendorf oder auch ein Zeltlager.

Indiens Geschichtsschreibung beginnt mit der Expedition Alexanders des Großen im Jahre 326 vor Christus; viele darauffolgende Dynastien legten den Grundstein des heutigen Indien. Das erste dieser Reiche war die Herrschaft der Mauryas unter König Ashoka (273 – 232 v. Chr.); erst in der Zeit der Guptas jedoch, im 4. Jahrhundert nach Christus, begann die indische Kultur wirklich aufzublühen. Schulen und Universitäten wurden gegründet, Philosophie und Astronomie entwickelten sich und der Buddhismus wurde Staatsreligion. Nach diesem, etwa 500 Jahre dauernden GOLDENEN ZEITALTER indischer Kultur festigte sich im Süden die Coladynastie, die mit ihrer Architektur und ihren zum Teil heute noch erhaltenen Baudenkmälern die indische Landschaft bis zu den Nachbarländern, wie Ceylon bis hin nach Indonesien überzog. Am Ende der Colaherrschaft, um das 13. Jahrhundert, begann der islamische Einfluß Persiens und Afghanistans sich in Indien bemerkbar zu machen; als im 16. Jahrhundert dann die portugiesischen Kolonisten auftauchten und die Hindus gegen die Mohammedaner unterstützten, erreichte der Streit der beiden Religionen einen Höhepunkt. Religiöser Eifer artete aus zu einem blutigen Konflikt, welcher in jüngster Vergangenheit schließlich zur territorialen Teilung Indiens führte und der gleichzeitigen Gründung des heute noch existierenden Pakistan.

Akbar (1556 – 1605) versuchte vergeblich, die beiden Konfessionen zu vereinigen; Jehangir und Shah Jahan sicherten den Frieden, indem sie die islamischen Prinzen unterwarfen ohne den Islam zu verwerfen. So wurden schließlich einige der schönsten Mausoleen des Landes, einschließlich des Taj Mahal, zur Ehre Mohammeds errichtet. Im 18. Jahrhundert waren die Briten die Kolonialmacht, und nach einem bekannten Zitat wurde daraus „eine der größten Kolonialstrukturen der Weltgeschichte". Diese überdauerte erfolgreich mehr als hundert Jahre und überlebte die Indische Meuterei von 1857/58, die äußerst grausam unterdrückt wurde. Erst Gandhis legendärer Feldzug bürgerlichen Ungehorsams, unmittelbar nach dem zweiten Weltkrieg, brach die Macht der Kolonialherrschaft.

Aus weißem und graugeadertem Marmor, links *die Moti Masjid oder Perlenmoschee, innerhalb des Roten Fort in Delhi.*
Umseitig *ein Blick auf den Dschamnafluß und das Taj Mahal, aufgenommen von einem der Goldenen Pavillone des Roten Fort in Agra.*

Kontakt mit den Indern

Ganz wie ihr Land sind auch seine Bewohner voller Gegensätze. Die fast 600 Millionen Inder spalten sich auf in etwa 20 verschiedene Religionen, tausende von Kasten und über 1600 Sprach- oder Dialektgruppen. Die Pandschabis und Kaschmiris im Norden sind meist groß gewachsen, elegant und statuenhaft; nach Süden zu werden die Hautfarben dann immer dunkler und es gibt sogar Pygmäen.

Ebenso extrem sind die Unterschiede zwischen arm und reich, zwischen dem Überfluß einiger Fürsten, Industrieller und Handelsunternehmer und der Armut der übrigen Bevölkerung, zwischen den komfortablen Häusern der Astronomen und Ingenieure und den deprimierenden Hütten jener halben Million von Dörfern, die noch immer ohne Elektrizität leben; einerseits gibt es Elfenbeinschnitzer, Goldschmiede, Edelsteinschneider, Musiker und Tänzer, sieben- oder achtsprachige Akademiker und Nobelpreisträger; andererseits sind heute noch etwa 60 Prozent der Gesamtbevölkerung Analphabeten.

Innerhalb dieser sozialen Vielfalt ist das KASTENSYSTEM noch immer in Kraft. „Der in den Untertanen des Hinduismus tief verwurzelte Glaube an die Unreinheit sozialer Beziehungen mit Angehörigen anderer Kasten" – so wurde dieses System einmal definiert; seine derzeitige Macht mißt sich an den 80 Prozent Hinduisten der indischen Gesamtbevölkerung. Die vier Hauptkasten sind, von „oben" nach „unten": Zunächst die BRAHMANEN, etwa drei Millionen an der Zahl. Sie stellen nicht nur die Priester und Tempeldiener, sondern gestalten auch das gesellschaftliche und politische Leben sehr aktiv mit. Als zweithöchste gilt die KRIEGERKASTE der KSHATRIYAS, eine kleinere Gruppe, bestehend hauptsächlich aus Angehörigen überlebender Adelsfamilien. Die in schneller Ausdehnung begriffene indische Mittelklasse rekrutiert sich aus den VAISHYAS, der Schicht der Kaufleute und Landbesitzer. Die vierte und größte Kaste sind meist dunkelhäutige und das Land bebauende SHUDRAS, der Großteil der Bevölkerung. Außerhalb dieses Systems stehen die Haridschans, oder Paria, welche aufgrund ihrer Beschäftigung als Straßenkehrer, Totengräber, Barbiere, Schuhmacher, Gerber, Kürschner usw. einst als UNBERÜHRBAR galten und dieses diskriminierende, vererbbare Attribut, leider bis heute für viele noch behalten haben.

Im täglichen Leben bedeutet dieses System zum Beispiel, daß ein Hindu nur dann „reines" Essen annehmen darf, wenn es ihm von einem Angehörigen einer höheren Kaste gereicht wird. Andere Gesetze und deren Auswirkungen

betreffen auch den Besucher. Man sollte keinem Inder bei einer nur flüchtigen Begegnung die Hand schütteln; er könnte dies als Befleckung ansehen, welche nachfolgend ein umständliches Reinigungsritual erfordern würde. Besser beschränke man sich also auf das traditionelle, anmutige NAMASTE, den lächelnden indischen Blickgruß mit Verbeugung und vor der Brust gefalteten Händen.

Trotz dieser strengen sozialen Vorschriften werden viele Besucher in indische Familien eingeladen. Die staatlichen Fremdenverkehrsbüros der größeren Städte führen sogar Listen der am Kontakt mit Touristen interessierten ortsansässigen Bürger.

An Gastfreundlichkeit wird es bei einem solchen Besuch nicht mangeln, wenn der Besucher auch mit der Einhaltung bestimmter Formalitäten rechnen muß, wie das Ausziehen der Schuhe vor Betreten des Hauses. Vielleicht wird er auch auf dem Boden sitzen oder, im Fall einer Moslemfamilie, zu einer von Gast zu Gast gereichten Wasserpfeife eingeladen werden, wenn dieser Brauch auch heute nicht mehr so gepflegt wird wie früher.

Gegessen wird meist mit den Fingern, und deshalb wird abschließend oft eine Fingerschale zur Reinigung gereicht. Dies bedeutet dann gleichzeitig das Ende der Mahlzeit, welche man nicht zu lange hinauszögern sollte, will man nicht den Eindruck erwecken, man verlange nach mehr. Zum Essen benutze man die rechte Hand. Grundsätzlich sollte man nicht dem Nachbarn vom eigenen Teller anbieten, was entweder als äußerste Freundschaftsbezeugung oder aber als unverzeihliche Beleidigung gelten würde.

Die Verteilung von Trinkgeldern, sonst oft ein Problem für den Reisenden, ist in Indien vielleicht etwas einfacher zu handhaben, wenn man folgende Leitlinien beachtet: Außer in Einzelfällen, ist in Hotelrechnungen Bedienung inbegriffen; Flugpersonal darf kein BAKSHISH annehmen und Taxifahrer erwarten merkwürdigerweise keines. Eine Rupie als Trinkgeld ist zwar für europäische Einkommensverhältnisse nicht viel, genügt aber meist, wenn man bedenkt, daß es sich dabei um etwa 15 – 20 Prozent des Tagesfestlohns eines Gepäckträgers handelt.

Bombay und Umgebung

In seiner Blütezeit als Hauptanlegehafen vieler Ozeandampfer, wurde Bombay das TOR INDIENS genannt. Heute Finanz- und Handelsmetropole des Landes, besitzt die Millionenstadt eine der größten Textilindustrien der Welt und ist führend in der Herstellung von Unterhaltungsfilmen, petrochemischen Materialien und Arzneimitteln. Zweitausend Jahre alte Tempel verschwinden zwischen Wolkenkratzern und neuen Autobahnen, auf denen Ochsenkarren an modernen Luxuskarosserien vorbeipoltern.

Zu den Sehenswürdigkeiten, die man nicht versäumen sollte, gehört das GATEWAY OF INDIA, ein für den Empfang des Königspaares Georg V. und Mary von England, anläßlich ihres Besuchs im Jahre 1911, gebauter Torpavillon. Der Reiter mit gezogenem Schwert, auf der Seeseite des Gebäudes, stellt Shivaji dar, den Kriegerkönig der Marathen, nach denen heute noch eine der Hauptsprachen Indiens benannt ist. Direkt davor ist die Anlegestelle der Ausflugsboote zu den unbedingt sehenswerten Elephanta-Höhlen. Auf der kleinen Insel Elephanta, elf Kilometer vom Hafen entfernt, befinden sich vier Höhlen, deren Innenwände, wahrscheinlich im 6. Jahrhundert nach Christus, mit interessanten Skulpturen verziert sind. Das Ganze hat die Funktion eines Shivatempels und ist vor allem bekannt durch die massive Darstellung des TRIMURTI, hinduistische Schöpferdreieinigkeit, welche auch den Aspekt des Erhalters und Zerstörers in sich vereinigt. Außer in den Regenzeiten legen die Elephantaboote täglich am GATEWAY ab.

Zu den reizvollsten Stellen Bombays gehören die gut gepflegten HÄNGENDEN GÄRTEN auf dem Malabar-Hügel, mit ihrem Kinderspielplatz und dem großartigen Ausblick über die Bucht und die MARINE DRIVE. Wegen ihrer langen Kette von Straßenlaternen, und auch wegen ihrer Nähe zum „Raj Bhawan“, dem an der Spitze des Malabarhügels gelegenen Gouverneurspalast des Maharashtra-Staates, wird diese Uferschnellstraße auch „Halskette der Königin“ genannt. Nicht weit vom Malabarviertel sieht man die TÜRME DES SCHWEIGENS, deren ahnungsvoller Name auf ihren Zweck hinweist: Tote Angehörige der Parsenreligion werden hier, im Rahmen einer offiziellen Begräbnisfeier, den Geiern zum Fraß vorgesetzt. Andersgläubige müssen diesem Ort fernbleiben. Am Nordende der Marine Drive erwartet den Besucher der exotische Chowpatty Strand mit abends hellerleuchteten Verkaufsständen. Während des GANESH-CHATURTHI-FESTES im September/Oktober werden hier hunderte von bemalten Figuren des Elefanten-Gottes in einer bunt-dramatischen Feier im Meer versenkt.

Nördlich in Richtung Achmedabad liegen die KANHERI-HÖHLEN, etwa hundert an der Zahl. Zwischen 200 und 500 v. Chr. wurden sie für religiöse Zwecke herausgehauen und verziert. Die oberen Höhlen dienen heute einer nahegelegenen Buddhistengemeinschaft als Mönchszellen, während die unteren, für die Öffentlichkeit zugänglich, mit ihren Buddhafiguren an Elephanta erinnern. Ringsherum erstreckt sich ein üppig-tropischer Nationalpark, dessen Dschungellichtungen ärmlichen Dörfern Platz bieten.

Das sehenswerte BASSEIN FORT besteht nur noch aus den Ruinen eines portugiesischen Stützpunktes des 16. Jahrhunderts. Die Reste von Kirchen und einem Handelsplatz, umrahmt von Banyanbäumen, bekommen während der Regenzeit ein ganz besonders eigenartiges optisches Relief.

Für Strandliebhaber gibt es GOA. Seine silbernen Sanddünen zählen zu den schönsten der Welt, und die ganze Gegend hat etwas beinahe Karibisches an sich, mit ihren Mango-, Ananas- und Kokosbäumen und ihren entspannt lebenden, musikliebenden Bewohnern.

MAHABALESHWAR, Erholungsort bei Poona, ist stolz auf seine schöne Lage, inmitten einer Hochebene. In 1300 Meter Höhe bieten sich Spazierwege durch üppige Gärten und Wiesen, dazu Gelegenheiten zum Rudern und Fischen auf dem See, sowie zur Pantherjagd, da die wenigen verbleibenden Tiger geschützt sind.

Bombay ist ein wahres Einkaufsparadies: besonders zu empfehlen sind der CHOR BAZAAR (Diebesmarkt) und die Laubengänge um den Florabrunnen. Sportbegeisterten bietet die Stadt Kricket, Golf, Angeln, Pferderennen, dazu eine große Auswahl an Restaurants und Clubs, wie auch Museen und ein Planetarium.

Rund um Delhi

Geografisch gesehen, kann Delhi aufgrund seiner Schlüsselstellung in der Gangesebene als TOR INDIENS auf dem Landweg gelten, mußte sich also auch mit angreifenden Truppen der Afghanen, Perser, Moguln und Briten im Lauf einer bewegten Geschichte auseinandersetzen. Heute unterteilt sich die ursprünglich aus sieben Städten zusammengesetzte Hauptstadt nur noch in Alt- und Neu Delhi. Die Altstadt erlebte ihren Höhepunkt unter den Moguln, während Neu Delhi am Anfang dieses Jahrhunderts, auf dem Hügel von

Von der Westmoschee (Agra) aus gesehen, links *das Taj Mahal, auserlesenes Denkmal zur Erinnerung an Arjumand Banu, Lieblingskönigin des Shah Jahan.*
Umseitig: *Die herrlichen Säulengänge des Diwan-i-Am, öffentlicher Audienzsaal im Roten Fort von Agra.*

Raisina von den Engländern erbaut wurde. Breite, zum Teil monumentale Alleen säumen hier beige und rote Sandsteinbauten. Delhi bietet dem Besucher einen verwirrenden Reichtum an Sehenswürdigkeiten; hier nur einige davon:

Am südlichen Stadtrand steht das QUTAB MINAR, ein flötenähnlicher 70 m hoher Turm aus rotem Sandstein, der den Elementen – einschließlich Erdbeben – acht Jahrhunderte erfolgreich widerstehen konnte. Das Minarett erinnert an den berühmten Sieg der Moslems über die Ungläubigen im Jahre 1192 und gehört zu der großen QUTAB-UL-ISLAM (Macht des Islam) – Moscheeanlage.

In der Mitte des weiten Vorhofs dieser relativ gut erhaltenen Moscheeruine steht noch eine andere Seltenheit, die EISERNE SÄULE, heute noch ein Rätsel für die Wissenschaft. Im 5. Jahrhundert aus reinem Eisen erstellt, blieb sie auf unerklärte Weise bis heute völlig rostfrei. Nach einer Legende bekommt jeder, der, mit dem Rücken an sie gelehnt, die Säule mit Armen und Händen umschließen kann, einen Wunsch erfüllt.

Eine der Schönheiten Delhis stammt aus der sechsten der sieben geschichtlich aufeinanderfolgenden Siedlungen: das von Sher Shah und Humayun erbaute und befestigte Schloß von Purana Qil'a, eine ungewöhnliche Verbindung von Hindu- und Moslembauweise.

Humayun regierte von 1530 – 1556. Sein Grab, errichtet von seiner Witwe, ist das erste und wichtigste Denkmal der Moguln. In den übrigen, nicht so reich ausgestatteten Gräbern wurden Humayuns Witwe beigesetzt, sowie eine Reihe von indischen Prinzen, die eines gewaltsamen Todes starben.

Das ROTE FORT, so benannt wegen seines rosenroten Sandsteins, wurde 1648 von Shah Jahan fertiggestellt, als er Indiens Hauptstadt von Agra zurück nach Delhi (7. STADT) verlegte. Hier stand der berühmte PFAUENTHRON, welcher später von Nadir Shah nach Persien gebracht wurde. Viele Bauten aus der Zeit Shah Jahans sind renovierbedürftig, das Rote Fort aber sollte man schon wegen seiner geschichtlichen Bedeutung nicht versäumen. Jeden Abend findet ein eindrucksvolles SON ET LUMIÈRE unter Mitwirkung von trompetenden Elefanten, Pferden, Kanonen und klingenden Fußglöckchen statt.

Ein Denkmal jüngerer indischer Geschichte ist das GANDHI MEMORIAL im Südwesten der Stadt, nicht weit vom Ufer des Dschamnaflusses. Hier wurde Gandhi 1948 nach seiner Ermordung in einem Sandelholzfeuer eingeäschert, im Beisein von etwa einer Million! Menschen.

Andere Glanzstücke Delhis sind z. B. der Buddha JAYANTI PARK, eine im japanischen Stil gestaltete Gartenanlage zur Erinnerung an den 250 sten Jahrestag der Erleuchtung Buddhas; das INDIA GATE, Triumphbogen und Mahnmal der Gefallenen des Ersten Weltkriegs; RASHSTRAPATI BHAWAN, die Residenz des indischen Ministerpräsidenten, und schließlich VIJAY CHOWK, ein Platz mit lotusförmigen Brunnenanlagen, verbunden mit dem India Gate durch eine der großen, gradlinigen Avenuen. Hier zieht am 26. Januar, dem Tag der Republik, eine festlich-farbige Parade vorbei. Knappe 200 Kilometer südlich von Delhi liegt Indiens berühmtestes Wahrzeichen: das TAJ MAHAL in Agra, Denkmal der Trauer eines großen Königs (Shah Jahan) um seine Lieblingsfrau Mumtaz-i-Mahal („Auserwählte des Palastes"), die bei ihrer Niederkunft im Jahre 1631 verschied. MAHAL bedeutet Frauenpalast oder Harem, während TAJ eine abgekürzte Koseform von Mumtaz war. Nach den Worten eines früheren Besuchers sollte dieses Gebäude wegen seiner auserlesenen Schönheit in die Zahl der Weltwunder aufgenommen werden.

22 Kilometer von Agra entfernt, baute König Akbar auf einem Felsrücken die Stadt FATEHPUR SIKRI, mußte sie aber vierzehn Jahre später wegen Mangels an natürlicher Wasserversorgung wieder verlassen. Trotzdem ist die seither unbewohnte Stadt noch sehr gut erhalten und wirkt besonders eindrucksvoll im Mondlicht. Früher wanderte hier der König verkleidet durch die nächtlichen Straßen.

KAJURAHO in Mittelindien ist berühmt wegen der erotischen Skulpturen seiner Tempel. In JAIPUR wird ein Elefantenritt über Felsen bergan zum Amber Fort zu einem unvergeßlichen Erlebnis. UDAIPUR ist bekannt durch seinen herrlichen Marmorpalast, märchenhaft am Ufer eines kleinen Sees mit Inseln gelegen. Begeisterte Tierbeobachter sollten den berühmten CORBETT NATIONALPARK besuchen und einen Abstecher nach KASHMIR einplanen, mit seinen schneebedeckten Gipfeln, saftigen Wiesen, schäumenden Flüssen, wilden Blumen und Früchten im Überfluß.

Zurück in Delhi, gönnen Sie sich vor dem Rückflug noch einen Bummel durch die Lauben und Bazare der ehemaligen Prachtstraße CHANDNI CHOWK, und durch den duftenden Parfüm- und Juwelenmarkt von DARIBA KALAN!

Kalkutta und Umgebung

Hauptstadt der britischen Kolonialregierung bis zum Bau Neu Delhis, ist Kalkutta mit seinen acht Millionen (bengalischen) Einwohnern die größte Stadt Indiens und außerdem der Welt wichtigstes Jute-Industriezentrum. Das mit Leidenschaft und Poesie begabte Volk der Bengalen hat der Nation schon seit altersher mehr Maler, Dichter, Schauspieler und Musiker geschenkt als jede andere Religion des Landes. Kalkutta selbst ist das Tor nach Assam, Bihar und zu den höchsten Gipfeln des Himalaya.

Mit ihrem MAIDAN besitzt die Stadt einen reizvollen Park, der, von den Engländern angelegt, ursprünglich als Schießübungsplatz gedacht war. Inzwischen wurde er mit Bäumen bepflanzt, von Alleen durchzogen und mit mehreren Sportplätzen versehen. Am Südende des Parks steht das VIKTORIA MEMORIAL. Dort trifft man sich gerne abends nach der Arbeit zu einer Erfrischung in den Freiluftcafés. Vom SHAHID MINAR, welches, im Westen des Maidan, zum Ruhme eines 1814 im nepalesischen Krieg errungenen britischen Sieges gebaut wurde, hat man einen großartigen Blick auf die Stadt. Von hier verläuft die Hauptgeschäftsstraße, CHOWRINGHEE ROAD, ein Durcheinander von Ochsenkarren, Rickschas, heiligen Kühen, streunenden Hunden, Fußgängern und Uralt-Autos, in Richtung auf den HOGG'S MARKET, den größten überdachten Markt Indiens.

Keinesfalls eine Schönheit, aber unentbehrliches verkehrstechnisches Bindeglied, ist die unglaubliche HOWRAH BRÜCKE, ein den Hooghlyfluß überspannendes Spinnennetz von Stahlträgern. „Fast schon eine Stadt für sich", so berichtet darüber Nagel's Indien- und Nepalführer, „. . . so wimmelt es hier von Passanten. Der dichte Verkehrsfluß steht oft genug still und entwickelt sich dann zu einem Monsterstau. Die Leute leben auf dieser Brücke; die einen verkaufen, die anderen schlafen, wieder andere betteln."

200 Kilometer von Kalkutta entfernt liegt MURSHIDABAD, frühere Hauptstadt Westbengalens, heute Herstellungszentrum für Seiden-, Elfenbein- und Messingwaren. Ein Besuch in VISHNUPUR lohnt wegen der mit wertvollen Skulpturen verzierten Tempel aus rotem Sandstein.

Wer die Himalayaberge in all ihrer Pracht erleben möchte, sollte einen Abstecher nach DARJEELING unternehmen: von hier aus sieht man an klaren Tagen den 240 Kilometer entfernten MOUNT EVEREST und den Kanchenjunga. SIKKIM

Links: *Nataraja Kunniyur (Tanzender Shiva), Distrikt Thanjavur, ca. 1000 v. Chr., Museum von Madras.*
Das südliche Kalkutta überragend, umseitig *das prächtige Victoria Memorial, entworfen von Sir William Emerson.*

liegt nur noch eine Seilbahn weit entfernt, und nach GANGTOK, der Hauptstadt dieses indischen Protektorats, führt die Straße durch Orchideenfelder.

ASSAM ist reich an Elefanten und Nashörnern: Sehr zu empfehlen ist daher eine Fahrt durch die riesigen Teeplantagen zum Naturpark von Kaziranga. Das Gebiet auf einem Elefantenrücken durchstreifend, kann man neben dem einhörnigen indischen Nashorn auch Dschungelkatzen, Bisons und Büffel erleben.

Eine für Buddhisten wichtige Gedenkstätte ist BODH GAYA in BIHAR. Unter einem Pipal-Baum meditierend, wurde Prinz Siddharta einst seine Erleuchtung zuteil. Daher kommen heute noch Pilger aus der ganzen Welt, um den berühmten mittelalterlichen Tempel in der Nähe des heiligen Baumes zu besuchen.

In KONARAK, im südlich an Bengalen angrenzenden Staat Orissa, steht der berühmte Surya- oder Sonnentempel. In einsamer Pracht, im Dünensand nahe der Küste, bietet diese teils beschädigte SCHWARZE PAGODE noch heute einen großartigen Anblick. Sollten Sie im Juni in diese Gegend kommen, versäumen Sie nicht das GROSSE WAGENFEST im nahegelegenen PURI. Das Bild Gott Jagannaths wird dann auf einem enormen, mit Schnitzwerk verzierten Holzwagen, unter Trommelrhythmen, Zymbelklängen und Lobeshymnen durch die Straßen gezogen.

BENARES, auch Varanasi genannt, ist die heiligste der sieben geweihten Städte Indiens. Nach der Legende wählte Ganga, Göttin des Ganges, diesen Ort für ihre Herabkunft auf die Erde. So verehren diesen Fluß nun täglich viele Tausende von Pilgern, wenn sie früh morgens über die Ufertreppen der GHATS herabsteigen, um sich betend im Gangeswasser zu baden. Viele Tempel und Paläste krönen diese insgesamt 64 Ghats, als deren heiligstes das MANIKARNIKA GHAT gilt. Hier werden in einer nach genauen Vorschriften ablaufenden Feier die Toten verbrannt. Auf einer Bambusbahre liegend, werden sie zunächst zur Reinigung in den Fluß getaucht. Dann, in ein Tuch gehüllt, auf einen Scheiterhaufen gelegt und mit Holz bedeckt. Die nach der Verbrennung zurückbleibende Asche wird in den Ganges geworfen. Schließlich unterziehen sich auch die Angehörigen des Verschiedenen dem Reinigungsritus im Wasser.

Ein strenggläubiger Benarespilger sollte die fünf geheiligtsten Ghats besuchen und in sechs Tagen eine etwa 15 Kilometer lange Strecke rund um die Stadt barfuß bewandern.

Madras und Südindien

Reisfelder, Kardamum- und Pfefferhaine, Magnolien, Jasmin und Kuskusgras – ein Flickwerk von Blau und Grün umgibt MADRAS, viertgrößte Stadt Indiens mit zwei Millionen Einwohnern und seiner Eisenbahnindustrie als wichtigem Wirtschaftstor. Beeinflußt von den Griechen, Christen, Mohammedanern, Franzosen, Portugiesen und Engländern, gelang es dieser Stadt doch, ihren eigenen Charakter – mit starkem Akzent auf Musik, Tanz, Kunst und Architektur – beizubehalten.

Die neuere Geschichte von Madras begann mit dem FORT ST. GEORGE, einer 1644 von den Briten zum Schutz einer Fabrik der Ostindischen Kompanie errichteten Befestigung. Heute ist das Fort Sitz des Tamil-Nada-Staates, auch Madras-Staat genannt, dessen Hauptstadt die gleichnamige Stadt ist. Aber auch ein Militärmuseum befindet sich noch in der Festung, mit Uniformen, Waffen, Dokumenten und Münzen aus der Geschichte der britischen Eroberung und Verwaltung Indiens.

GUINDY, noch im Vorortgebiet, besitzt ein interessantes Hirsch- und Wildreservat, sowie einen Schlangen- oder SNAKE PARK, wo man aus sicherer Entfernung die seltene Königskobra bewundern kann.

Die MARINA BEACH von Madras soll die zweitgrößte Uferpromenade der Welt sein. Im Meer zu baden ist wegen Haigefahr allerdings nicht ratsam. Dafür gibt es in der Stadt mehrere gute Schwimmbäder und im Umkreis von hundert Kilometern viele schöne und ungefährliche Badestrände, wie z. B. Elliots und Ennore.

KANCHIPURAM, 80 km südwestlich von Madras, eine der sieben heiligen Städte des alten Indien, ist heute berühmt wegen seiner Tempel aus dem 8. Jahrhundert und wegen der Herstellung von Seidensaris. Im Hof des Varadaraj-Tempels wird ein heiliger Elefant gehalten, der mit seinem Rüssel die von Besuchern hingestreckten Rupienscheine an sich nimmt und den Spender dafür segnet.

Noch etwa 35 Kilometer weiter liegt Tirukaliikundram – der BERG DER HEILIGEN ADLER. Nach einem steilen Anstieg über eine Treppe von hundert Stufen kommt man zu einem kleinen Tempel mit einem nahegelegenen Erdwall. Jeden Tag stellen sich, pünktlich zwischen 11 und 12 Uhr, zwei Adler bei einem Brahmanen zur Fütterung ein. Nach der Legende handelt es sich um die Geister zweier Pilger auf ihrem täglichen Weg nach Benares.

TIRUPATI, bis vor kurzem noch unzugänglich für Nicht-Hindus, ist Indiens reichster Tempel. Von baumbewachsenen Hügeln umrahmt, von Wasserfällen, Teichen, Mango- und Sandelbäumen romantisch umgeben, ist das Gebäude selbst mit eingelegten Edelsteinen verziert. Beladen mit Parfüm und Souvenirs aus Messing, Horn, Muscheln und Blumen, verlassen die meisten Besucher diesen von einem Wohltätigkeitsverband verwalteten Tempel, welcher wiederum Schulen, Universitäten und Krankenhäuser unterhält.

KERALA ist ein schmaler Landstreifen im Südwesten Indiens, voller Kokospalmen, Seen, Kanäle, strohgedeckter Holzhäuser und Kirchen am Rand unberührter Urwälder. Besät von Orchideen, Lagunen und Stauwassern ist dies die schönste und fruchtbarste Gegend des Landes. COCHIN mit seinen internationalen Einflüssen – chinesischer, niederländischer, jüdischer und portugiesischer Herkunft – lohnt schon wegen seiner Kirchen einen Besuch. Besonders sehenswert aber ist der HOLLÄNDISCHE PALAST mit seinen prächtigen Wandgemälden.

Im Bundesstaat Karnataka sollte man sich BANGALORE und MYSORE nicht entgehen lassen. Die Gartenstadt Bangalore empfiehlt dem Besucher den Palast Tippu Sultans, und den SHRI-CHAMUNDESWARI-TEMPEL. Die beste Zeit für eine Entdeckung Mysores ist während des DUSSEHRA-FESTES im September/Oktober: der Sieg des Guten über das Böse wird gefeiert durch einen lichterglänzenden Reiterzug mit edelsteinbesetzten Elefanten, Kamelen, Pferden und Fahnenträgern.

Der südlichste Punkt Indiens ist CAP COMORIN mit seinen sieben verschiedenfarbigen Sandarten. Hier geht die Sonne über dem Meer auf und unter, und in gerader Linie nach Süden findet sich kein Land mehr bis zur Antarktis.

Essen und Trinken

Nicht alle indischen Gerichte sind so scharf gewürzt wie manche Besucher glauben. Vegetarische Speisen sind sehr beliebt, und in Tamil Nadu gibt es einige ausgezeichnete Hochseefischgerichte zu kosten. Zu den Spezialitäten des Nordens zählt eine große Auswahl an Lamm- und Geflügel-

Großartige Skulpturen verzieren den berühmten Sonnentempel von Konarak, aus dem 9. Jahrhundert. Links eines der Räder des *symbolisch-kolossalen Sonnenwagens.*
Umseitig: *Das Man Mandir Ghat, eines der vielen Ganges-Bade-Ghats in Benares (Varanasi), einer der sieben heiligen Städte des Hinduismus.*

प्रयाग घाट

zubereitungen einschließlich der TANDOORI-GERICHTE: Fleisch, zunächst mariniert in einer köstlichen Mischung aus Joghurt, Gewürzen und Zitronensaft, und sodann über der Kohleglut eines Lehmofens rostgebraten. Unter dem vornehm klingenden SHAH JAHANI PILAU stelle man sich gedämpftes Lamm oder Hühnchen mit Safranreis vor. Fast ebensogut schmeckt manchmal ein einfaches KEBAB (Fleisch) mit NAN (Brot mit Mohnsamen).

Ostindische Spezialitäten bestehen oft aus Süß- und Salzwasserfisch, Fleischgerichten und süßen Quarkpuddingspeisen. Auch nach Westen zu gibt es leicht gekochte Fleischgerichte. Geflügel mit Gemüse nennt man THALI. Auf den Restauranttischen Südindiens sieht man häufig scharfe Currysaucen wie DHAL, VINDALU oder SAMBAR, zusammen mit den beliebten MASALA DOSAI – Kartoffeln in Pfannkuchen eingerollt, oder auch mit den all-indischen CHAPPATI. Darüberhinaus gibt es auch Reiskuchen und PAPPAD, eine Art Reiswaffel.

Nachspeisen und Zuckerwerk bieten sich in allen Teilen Indiens in großer Auswahl, größtenteils zubereitet wie DUDPAK oder BASUNDI – aus Dickmilch oder Rahmkonzentraten, jeweils gesüßt und manchmal mit Nüssen garniert.

Wenn Sie ganz perfekt indisch speisen wollen, dann runden Sie Ihr Mal ab mit einem PAAN: Betelnußsplitter mit Gewürznelken, Kardamum und Anis, bestrichen mit Rosenblütensaft. Dieser Gewürzcocktail wird in ein glänzendes Betelblatt gewickelt, mit einem gespießten Nelkenstiel zusammengehalten und dann gegessen. Zurück bleibt nicht nur ein erfrischender Geschmack, sondern auch eine verräterische Rotfärbung der Lippen. Die PAANWALLAS, Paanverkäufer, stehen an jeder belebten Straßenecke, und manchmal mischen sie sogar PALANG-TOR bei – ein Aphrodisiakum!

Vom Whisky bis zum Fruchtsaft ist auch die indische Auswahl an Getränken vielseitig. Whisky hat unterschiedliche Qualitätsgrade, und indischer Gin kann sehr gut sein. Mit Zitrone ist Gin ein beliebter und erfrischender Drink. Auf der Straße gibt es NIRA (frische Kokosnußmilch) und LASSI (süße Buttermilch mit Eis). Das Nationalgetränk ist jedoch der Tee, serviert mit Zucker und Milch, wenn nicht ausdrücklich anders gewünscht. Offenes Leitungswasser ist oft nicht hygienisch und nicht sehr schmackhaft. Versuchen Sie dafür FALUDA, einen rosafarbenen Milkshake mit Rosengeschmack, Speiseeis und Gewürzflocken oder NIMBU PANI, saure Zitrone mit Mineral- oder Sodawasser, gezukkert oder auch gesalzen je nach Geschmack, jedenfalls sehr durststillend.

Einkaufen

Indien ist ein Einkaufsparadies. Wenige Länder bieten eine so große Auswahl an Qualitätskunsthandwerk. Die Regierung unterstützt viele Dörfer bei der Entwicklung von COTTAGE INDUSTRIES, zur Herstellung von Holz- oder Elfenbeinschnitzereien, Spielzeug, Textilien oder Keramik. Diese Produkte können dann in staatlich anerkannten EMPORIEN mit Qualitätsgarantie und zu festen Preisen erstanden werden, im Gegensatz zu den Straßenmärkten, wo Feilschen die Regel ist.

Jede Stadt oder Gegend hat ihre Spezialität; hier eine kurze, Nagel's Reiseführer entnommene Zusammenfassung von Anregungen:

Delhi:	Kupfer und Bronze, Gold und Silber, Elfenbein, Edelsteine, verzierte und bestickte Taschen, Sandalen, Stolen, Tischzeug, DELHI-GESCHIRR (Keramik), Saris, Textilien.
Srinagar:	Bemaltes Papiermaché, Holzschnitzereien, Schals, Keramik, Stickereien, Silber, Edelsteine.
Rajasthan:	Smaragde, Schmuck, Emailarbeiten, Keramik, bunte Saris.
Lucknow:	CHIKHAN-Stickereien auf weißem Voile, Keramik, Statuetten.
Benares:	Gold- und Silberbrokate, Seide, Baumwollwaren, Messing- und Kupfergegenstände.
Bengalen:	Seiden- und Baumwollsaris, Ledertaschen, keramische Figuren.
Orissa:	Silberfiguren, Saris, Pergamentgemälde, Holzspielzeug, bunte Baumwollwaren.
Assam:	Schals, Flechtarbeiten, Tischzeug, Strohhüte.
Hyderabad:	BIDRI-Keramik, NIRMAL-Geschirr.
Madras:	Flechtarbeiten, Seidensaris, Bronzefigürchen, Silber, besticktes Leinen, Schmuck.
Kerala:	Elfenbein, Rosenholz, Sandelholz.
Bombay:	Bedruckte Stoffe, Stickereien, Bronze- und Kupferarbeiten, Handtaschen, Schmuck und Sandalen.

Guten Einkauf!

Links *die herrliche Grabmoschee Humayuns aus rotem Sandstein und weißem Marmor, in Neu Delhi.*
Umseitig *die bezaubernde Jami Moschee in Alt Delhi, gekrönt von drei weißen Marmorkuppeln.*

Im Glanz des nächtlichen Scheinwerferlichts verherrlicht, oben rechts *das Sekretariat von Neu Delhi auf dem Raisina-Hügel, architektonisches Echo der zu den prächtigsten Baudenkmälern der Altstadt zählenden Jami Moschee* oben.

Jenseits der feinen Filigranarbeit der Ziertore sieht man links *die ehemalige Residenz des Vizekönigs in Neu Delhi, jetzt „Rashtrapati Bhawan". Das eindrucksvolle Gebäude besteht aus einem von einer Kupferkuppel gekrönten Mittelblock mit vier Seitenflügeln.*
Rechts *das India Gate im Prinzenpark, Bogendenkmal staatlicher Einheit am Ostende der zentralen Ost-West-Achse Neu Delhis, auf der einmal jährlich die Republic-Day-Parade verläuft; daraus ein bunter Ausschnitt* unten.

Das Herz des Alten Delhi durchquert, westlich des Roten Fort, die historisch-malerische Marktstraße Chandni Chowk oben, links und unten, *im 17. Jahrhundert einer der reizvollsten Bazare des damaligen Ostens.*

Rechts *das Qutab Minar. Der fünfstöckige Turm war gleichzeitig Siegesdenkmal und, als Teil der Qutab-ul-Islam-Moschee, Minarett zur Ausrufung des Gebets durch den Muezzin.*

Zu den vielen, im Nationalmuseum von Delhi zugänglichen, schönen Beispielen der Kushana-Kunst (2. Jahrhundert n. Chr.) zählen: Unten die Lakshmistatue (Göttin des Wohlstands) und rechts die Szene „Im Haus einer Kurtisane", beide aus dem Distrikt Mathura. Links die Grabmoschee des Nawab Safdar Jang, vom „India Gate" aus gesehen. Das obere Bild zeigt die Innenansicht eines der bezaubernden Einzelpavillone, genannt Savan und Bhadon, im „Gopal-Bhawan"-Komplex in Dig.

Dig ist berühmt für seine herrliche, von Suraj Mal von Bharatpur erbaute Palastgruppe. Am größten ist der Gopal Bhawan, dessen schöne, sich jenseits der Wasser des Gopal Sagar erhebende Westfassade das Bild oben *zeigt.* Oben links *das Schlafzimmer des Maharadscha in den luftigen Innenräumen des Palastes.* Rechts *der offene Pavillon des „Kesav Bhawan".*

Links *ein Bodhisattva aus dem 1. Jahrhundert und* unten *ein Buddhakopf aus der Guptaperiode, beide im Curzon Museum of Archaeology, Mathura.–*

Fatehpur Sikri, im 16. Jahrhundert durch den Großmogul Akbar auf einen niedrigen Sandsteinrücken gebaut, erscheint heute noch wie zur Zeit der königlichen Hofhaltung. Die sehr gut erhaltenen Gebäude umfassen das erlesene Marmorgrab des Shaikh Salim Chisti oben und Mitte rechts, *den Diwan-i-Khas* links *im Hintergrund des Pachisi- oder „Spielhofs", den fünfstöckigen Panch Mahal* oben rechts, *das Sandsteinhaus des Birbal* unten rechts *und das Große Siegestor, „Buland Darwaza"*, unten.
Umseitig: *Das zart schimmernde Taj Mahal.*

Von allen Gebäuden Agras das berühmteste, wurde das Taj Mahal, unvergleichliche Grabmoschee aus weißem Marmor, am Südufer des Dschamnaflusses. 1632 begonnen, benötigte der aus drei Abschnitten bestehende Gesamtkomplex 22 Jahre bis zur Vollendung. Der Linie eines sandsteinrot eingefaßten Kanals folgend oben, links und unten, welcher in der Mitte durch eine Marmorplattform unterteilt und von Zypressen gesäumt wird, ergibt sich ein großartiger Blick auf das islamische Meisterwerk.

Sieben Kilometer von Agra entfernt steht das prächtige Tor rechts, welches zu der Grabmoschee König Akbars in Sikandra führt.

Umseitig: Farbenprächtig geschmückte Elefanten im historischen Amber.

Oben und rechts: *Jaipur, Hauptstadt eines der wohlhabendsten Teile der Provinz Rajputana, wird von einer zinnenbewehrten Mauer mit nicht weniger als sieben Toren umgeben. Udaipur, dessen herrlicher Maharadschapalast* **oben** *abgebildet ist, wird die „Stadt des Sonnenaufgangs" genannt. Gegründet um die Mitte des 16. Jahrhunderts, bietet diese eindrucksvolle Stadt dem Besucher gute Unterkunftsmöglichkeiten, einschließlich des malerischen Lake Palace Hotels* **links.**

In der Altstadt Chitorgarhs, nahe der östlichen Stadtbefestigung, steht der imponierende „Turm des Ruhmes" **unten,** *beschrieben als „eines der epochalsten Baudenkmäler der Jainreligion".*
Umseitig *eine der großen Sehenswürdigkeiten des Berg Abu: der zu den berühmten „Dilwara-Tempeln" zählende Vimal Vasahi-Tempel.*

Unter mehreren Gruppen nahe der alten Stadt Vidisha gelegener buddhistischer Bauten bilden die Baudenkmäler von Sanchi den wichtigsten Komplex. Beispielhaft für buddhistische Architektur, wurden die meisten davon im frühen 20. Jahrhundert von Sir John Marshall freigelegt. Yakshi und Elefanten zieren **links** das Osttor des Großen Stupa (typisch buddhistisches Kultgebäude mit halbkugelförmiger Kuppel). Auf den ineinander verwobenen Architraven des Nordtores **rechts** sind zahlreiche Szenen aus dem Leben Buddhas dargestellt, während das Buddhabild **unten** aus dem Heiligtum des Tempels Nr. 45 stammt.

Oben die weißwändigen Jaintempel am Ufer des Betwaflusses bei Vidisha.

Links und umseitig rechts: *Auf einem Hügel innerhalb der Mauern von Datia liegt der heute unbewohnte Govindpalast von Bir Singh Deo.* Unten und umseitig links *die prächtige Innenarchitektur dieses Palastes.*
Auch „Painted Palace" genannt, ist der Man-Singh-Palast oben *einer der fünf Paläste des für sein großes Fort und seine Jainstatuen berühmten Gwalior. Zu den letzteren, einzigartigen Felsenskulpturen, gehört auch die gigantische Arwahi-Gruppe* rechts.

In Kajuraho beidseitig, *zwischen dem 10. und dem 12. Jahrhundert eine der Hauptstädte der Chandel Rajput-Könige, befindet sich eine der wichtigsten Tempelgruppen Indiens. Von den ursprünglich fünfzig Tempeln stehen noch zweiundzwanzig, verteilt auf einer Fläche von etwa zwanzig Quadratkilometern. Gebaut meist aus dem in der Gegend häufigen Sandstein, wurden sie außen wie innen kunstvoll und verschwenderisch mit Skulpturen und Reliefdarstellungen verziert. Der größte dieser Gruppe ist* umseitig links *der monumentale, vermutlich aus der Saiva-Zeit (Orissa) stammende Kandariya-Mahadeva-Tempel, der ein Lingam enthält.*

Sarnath, sechs Kilometer nördlich von Benares, früher als „Hirschpark" bekannt, wird heute als Stätte der ersten Buddhapredigt verehrt. An dieses Ereignis erinnert der Dhamek Stupa, auf dem obigen Bild zur Linken zu sehen.

Das Museum von Sarnath bietet eine Fülle von Skulpturen und Reliefdarstellungen, darunter der wichtige „Buddha, das Rad des Gesetzes drehend" aus dem 5. Jahrhundert unten. Rechts die erste Darstellung des Bodhisattva in menschlicher Form, in Sarnath selbst, eine Kushana-Statue aus dem 3. Regierungsjahr des Königs Kanishka.

Benares oder Varanasi beid- und umseitig *gilt seit Menschengedenken als religiöse Hauptstadt Indiens, berühmt vor allem für seine lange, dem linken Gangesufer folgende Reihe von Badeghats und Tempeln. Gleichzeitig ist diese historische, als älteste der Welt gerühmte Stadt das Nordzentrum des hinduistischen Shivakults. Die Zahl der Benarespilger wird auf jährlich eine Million geschätzt.*

In Bodh Gaya oben, links und rechts *steht der eindrucksvolle, pyramidenförmige Mahabodi-Tempel, dessen Hauptturm sich 60 Meter hoch erhebt. In der Nähe der westlichen Ummauerung wächst ein Pipalbaum, der von jenem heiligen „Bodhibaum" abstammen soll, unter welchem Buddha erleuchtet wurde.*

Die buddhistische Sandsteinsäule mit dem Löwenkapitell unten *steht in Lauriya Nandangarh. Zehn Meter hoch, zählt sie zu den insgesamt vier Säulen, die die Straße von Patna nach Nepal säumten. Nicht weit entfernt wurden Grabhügel gefunden, die heute als Indiens einzige, mit Sicherheit der vedischen Zeit zuzuordnende Denkmäler gelten.*

GWALIOR SUITING

Oben *Kalkutta, am linken Ufer des Hooghlyflusses gelegene Hauptstadt von Westbengalen, deren südlichen Teil das prächtige Victoria Memorial* links *überragt. Das Indische Museum, volkstümlich auch „Jadu Garh" („Haus der Kunst") genannt, birgt Indiens wertvollste Ausstellung alter Kunst. Hier ist auch der, aus dem berühmten Zaun um den Stupa von Bharhut stammende, Yaksha zu sehen* oben rechts, *sowie der Bodhisattva Maitreya (zukünftiger Buddha)* unten rechts. *Die Muttergöttin Mahishamardini aus dem 10. Jahrhundert* unten.

Berühmt für seinen ehrfurchtgebietenden Sonnentempel links, *liegt Konarak etwa 30 Kilometer nordöstlich von Puri.* Unten der *West- oder Mittagsgott, prächtiges Beispiel der verschwenderischen Reliefverzierungen dieses Tempels. Der Eingang des Jagamohan, der Vorhalle, wird bewacht vcn zwei auf Elefantenrücken ruhenden Steinlöwen* oben und unten rechts.

Von der wichtigen Tempelgruppe in Bhubaneswar ist der Muktesvaratempel oben *der kleinste und doch prächtigste.*

6

Eines der schönsten Baudenkmäler des Hinduismus ist der Haupttempel von Konarak. Diese „Schwarze Pagode" (so wurde sie von europäischen Reisenden genannt, zum Unterschied zu der „Weißen Pagode" in Puri – beide sind wichtige Küstenwahrzeichen) war, hinduistischer Mythologie zufolge, als kolossaler Wagen konzipiert und dem Sonnengott geweiht.

Das ganze Gebäude ist außen und innen verschwenderisch mit fein gearbeiteten Skulpturen verziert. Zusätzlich zu den massiven Rädern, meisterhaft gestalteten Pferden und die Säulenplatte verzierenden Hirtenfriesen findet man oben links und unten eine Fülle von Figuren aus grünem Chlorit mit stark sinnlicher Thematik. Schöne Kanyas rechts stellen ihre Reize zur Schau. Fromme Nagas (Schlangengottheiten), ihre Schlangenschwänze um Säulen gewickelt, stehen in königlicher Haltung oben, während exotische Musikanten unten links Trommel und Flöte spielen.

Oben: *Der Jagannath-Tempel, bekanntes Beispiel der Orissa-Baukunst, steht auf dem „Blauen Hügel" in Puri.*

In die steile Felswand einer Schlucht der Indhyariberge wurden die zu den wichtigsten Sehenswürdigkeiten Indiens gehörenden Höhlen von Ajanta gehauen. **Links** *der Eingang der neunten, oder „Chaitya"-Höhle.* **Unten** *aus der 26. Höhle: ein unter einem Pavillon sitzender Buddha und* **rechts** *ein Detail aus einem der berühmten Fresken der ersten Höhle.*

Die Höhlen von Ellora, 30 Kilometer von Aurangabad entfernt, weisen zwölf mahayana-buddhistische, siebzehn brahmaistische und fünf jainistische Exemplare auf. Der Kailasatempel oben und oben links *ist Shiva geweiht.* Links *das Innere der Jainhöhle Nr. 32,* unten *die Viswakarma- oder Zimmermannshöhle und* rechts *der Lingamschrein in der Sita-Ki-Nahani- oder Badehöhle.*

Umseitig: *Die Grabmoschee des Rabi'a Daurani in Aurangabad.*

Nagina

Oben *das Alte Fort,* links *die Mekkamoschee und* umseitig *die eindrucksvollen Umrißlinien des Hohen Gerichtshofes, alles in Hyderabad.*

Von Bombay, dessen Silhouette man jenseits des Church-Gate-Bahnhofs oben rechts *sieht, führt ein beliebter Ausflug zu den nördlich in einem Naturpark gelegenen Kanheri-Höhlen.* Unten und rechts *die Innenansicht der Großen Chaityahöhle.*

In Halebid, wo sich die frühere Hauptstadt der Hoysala Ballala-Könige, Dwarasamudra, befand, steht der Hoysaleswara-Tempel oben und umseitig. Der turmlose Doppeltempel ist berühmt für seine herrlichen Wandskulpturen, wie oben rechts der „Shiva, eines der Häupter Brahmas haltend“ oder der „Elefantentötende Shiva“ oben ganz rechts. Am südlichen Torweg des Tempels sieht man ganz rechts Nandikeswara, Shivas Leibwächter, und in dem größeren der beiden Pavillone, den Basava Nandi (B.-Stier), rechts.

Im Hof des im zierlichen Vijayanagar-Stil erbauten Vitthala-Tempels im Hampi steht der kunstvoll gehauene Steinwagen links. Unten die Gräber der Qutab Shahi-Könige in Golkonda bei Hyderabad.

In Belur steht der berühmte Chenna Keshava-Tempel oben *aus dem 12. Jahrhundert, prächtiges Beispiel der Hoysalakunst, ähnlich wie der großartige sternförmige Tempel von Somnathpur* oben rechts.

Bekannt für seine schönen Skulpturen ist der Maharadschapalast von Mysore links und unten rechts, *gebaut 1897 anstelle eines früheren, zum Teil brandzerstörten Gebäudes.*

Unten: *Die auf dem Berg Indragiri stehende kolossale Jainstatue des „Gommata".* Mitte rechts *ein Gesamtpanorama mit dem Wasserbecken des „Sravana Belgola"-Heiligtums, aufgenommen vom Chandragiri-Hügel.*

Links: *Nahe Hyderabads „Afzalganj" steht das Char Minar, Meisterstück der Qutab Shahi-Periode (16. Jahrhundert).* **Unten** *der Brihadeswara-Tempel in Tanjore, aus dem 11. Jahrhundert, heute prächtigstes noch erhaltenes Denkmal der Coladynastie.* **Rechts** *der bezaubernde fünfstöckige Hawa Mahal, genannt „Saal der Winde", in einer der Hauptstraßen Jaipurs.* **Rechts oben** *die eindrucksvolle Kette der Straßenlampen auf der Marine Drive (Netaji Subash Road) in Bombay, weswegen diese Straße den Spitznamen „Halskette der Königin" bekam.*

Ebenso fesselnd wie die Reliquien der indischen Geschichte sind die Schlangenbeschwörer in Delhi **oben**.

Das wichtigste Gebäude der Pallava-Gruppe in der „Goldenen Stadt" Kanchipuram ist der tausend Jahre alte Kailasanath-Tempel, dessen pyramidalen Turm man von der Ostmauer aus unten sieht. Rechts zwei der nördlichen Einzelkapellen.

Den hindu-sarazenischen Stil nachzeichnend, oben der Hohe Gerichtshof von Madras, Hauptstadt des Bundesstaates Tamil Nadu. Oben rechts der Parthasarathi-Tempel und links das Senatsgebäude der Universität Madras.

Das Museum von Madras, im Egmoreviertel, enthält einige bekannte Skulpturen aus dem Thanjavurdistrikt, so z. B. die Göttinnenfigur aus dem 13. Jahrhundert oben ganz links. *Aus dem 12. Jahrhundert,* oben *die Muttergöttin Uma.* Links *gleiche Datierung: Sitzender Shiva.* Unten *13. Jahrhundert, Vinadhara Dakshinamurti und* rechts, *11. Jahrhundert, Ardhanariswara – eine halb männliche, halb weibliche Verbindung aus Shiva und seiner Gemahlin Parvati.*

Von der Felshöhe des Forts von Tiruchirapalli ergibt sich einer der schönsten Panoramablicke, die indische Ebenen bieten können umseitig.

Malerisch in Küstennähe gelegen, gehen die fünf monolithischen Kapellen oberhalb von Mahabalipuram zurück auf die Pallava-Dynastie, welche im 7. Jahrhundert Südindien beherrschte. Der große Minakshi-Doppeltempel links, Mitte und unten rechts *gehört zu einem weitläufigen Gebäudekomplex in Madurai. Dort findet auch jährlich ein berühmtes farbenprächtiges Wagenfest mit Prozession statt.* Oben rechts *die beeindruckenden „Dorfgötter“ aus Pondicherry* und unten *der Brihadeswaratempel in Tanjore mit seinem erstaunlichen, über 60 Meter hohen, heiligen Turm.*